LA VÉRITÉ

SUR

L'AGRANDISSEMENT

DE LILLE

PAR

Jules BRAME

LILLE,
Imprimerie de LEFEBVRE-DUCROCQ, place du Théâtre.
1860

LA VÉRITÉ

SUR

L'AGRANDISSEMENT

DE LILLE.

LA VÉRITÉ

SUR

L'AGRANDISSEMENT

DE LILLE

PAR

Jules BRAME

LILLE,
IMPRIMERIE DE LEFEBVRT-DUCROCQ, PLACE DU THÉATRE.
1860.

LA VÉRITÉ

SUR

L'AGRANDISSEMENT

DE LILLE

Si l'agrandissement de la ville de Lille n'est pas encore un fait accompli, les diverses mesures qui ordonnent l'exécution de ce grand travail, doivent malheureusement, aujourd'hui, être considérées comme irrévocables.

Notre intention n'est donc pas de faire à ce sujet un retour sur le passé ou de nous livrer à des regrets désormais inutiles.

Dès l'abord, nous déclarons vouloir seulement, et c'est notre droit, examiner les questions suivantes :

1° Le plan soumis depuis quelques jours à l'appréciation des habitants de Lille, répond-il à l'intention primitive qui a déterminé dans notre enceinte, le désir d'étendre les limites du vieux Lille ?

2º Les ressources budgétaires peuvent elles satisfaire aux nécessités qu'exigera cet agrandissement, sans que les habitants soient, dans un temps peu éloigné, réduits aux plus extrêmes embarras, aux plus durs sacrifices ?

Avant d'arriver à la discussion de ces deux points qui dominent la situation actuelle, qu'on veuille nous permettre de retracer en peu de mots, l'historique des faits, les idées et les motifs qui ont fait naître ce projet d'agrandissement.

La ville de Lille, a-t-on dit, a besoin d'air et d'espace : elle voit tous les jours décroître son importance relative, elle végète lorsque tout s'élève et grandit autour d'elle. Si l'on n'y prend garde, elle deviendra semblable à ces vieilles cités que les générations nouvelles abandonnent ; mais, s'il faut qu'un agrandissement l'empêche de tomber dans le marasme et l'atonie, il faut aussi se livrer de longue date à une étude approfondie de cette question. Les intérêts les plus respectables sont mis en jeu.

Si l'on n'agrandit pas Lille on tombe dans un grave danger ; si on l'agrandit mal on tombe dans un autre.

Les Membres du Conseil de la commune, investis encore à cette époque et depuis des siècles, du droit de défendre les intérêts de la Cité, de sauvegarder la chaumière du pauvre et l'hôtel du riche, l'avoir de l'ouvrier et la fortune du fabricant, ont compris que leur mission devait être, avant tout, empreinte d'un caractère civil et local, ils avaient adopté un projet de démantellement.

Voici quels ont dû être leurs motifs :

Dans l'état de paix, à la faveur duquel prospèrent notre commune et notre industrie, les ruines des derniers sièges sont oubliées et l'on aime seulement à se souvenir des occasions mémorables qui ont été offertes à nos aïeux, de manifester leur courage et leur patriotisme. Mais de graves modifications sont venues transformer nos mœurs, notre état social ; et, pour mieux se rendre compte de la situation, on a dû jeter quelques regards rapides sur le passé.

Autrefois, le château fort protégeait le seigneur, sa famille et sa petite armée ; plus tard, les villes s'entourèrent de fortifications pour se défendre contre l'envahissement, les attaques et le pillage dont elles étaient constamment menacées. Puis enfin, les murs des villes de l'intérieur ont disparu, et le rôle des fortifications qui, jusque-là, avait été limité à la défense d'un château fort, d'une ville ou d'une petite province s'est étendu à la préservation d'un pays tout entier.

Aujourd'hui, une enceinte fortifiée n'a plus, comme on le pense communément, pour but de défendre la propriété et les habitants que contiennent ses murs, elle n'a plus de raison d'être qu'à la frontière, c'est en quelque sorte un des anneaux d'une chaîne de défense qui doit mettre obstacle à l'envahissement du pays par les armées étrangères; il peut être parfois peu important, surtout lorsqu'il est possible de résoudre la question financière, de désouder un anneau de la chaîne et de le reporter à quelque distance de l'endroit où il était placé.

La chaîne de défense ainsi rétablie, vient satisfaire aux conditions de résistance à une invasion étrangère.

Placée en vedette à la frontière du Nord, Lille commande les routes qui, de ce coté, conduisent à l'intérieur de la France; elle garde en ses murs, les arsenaux, approvisionnements, matériel de guerre nécessaire au ravitaillement d'une armée qui la prendrait pour base d'opérations et pour lieu de refuge.

Les moyens d'attaquer les places étaient à une autre époque loin d'égaler les moyens de défense; et un siège vaillamment soutenu, entraînait moins de malheurs qu'une occupation par l'ennemi. Aujourd'hui, les progrès de l'art militaire font de toute ville attaquée une ville ruinée, et la science peut préciser le moment où elle sera anéantie ou forcée de se rendre. Tout récemment, n'avons-nous pas vu dans une guerre homérique, un exemple frappant de notre assertion ?

Les habitants de notre ville ne doivent donc pas être désireux de conserver leurs murs, l'histoire est là pour démontrer plus d'une fois, que les enceintes fortifiées attirent l'ennemi, c'est-à-dire, un siège avec son cortège de calamités épouvantables, et que les places fortes sont bien plus dangereuses pour les habitants que les villes libres.

Les Membres du conseil municipal avaient eu bien raison d'envisager avant tout la question civile et locale. Le projet soumis à leurs études avait ce triple avantage : l'état y gagnait une place attenant à Lille, et exécutée avec tous les perfectionnements que la science moderne a fait réaliser dans les constructions militaires ; la ville ne supportait aucun sacrifice, elle pouvait ne prendre absolument que le terrain qui lui convenait, avec la possibilité de s'étendre encore plus tard selon ses désirs et ses besoins ; elle profitait enfin, de cet immense avantage de ne pas subir brusquement une situation qui doublait les patentes, les contributions et les charges de ses habitants.

Le projet n'a pas été admis par le gouvernement. Il n'est plus à discuter. Nous n'avons rappelé ce qui précède que pour avoir occasion de manifester notre reconnaissance à nos représentants locaux. Nous nous soumettons aux devoirs que nous impose la patrie, et quand il le faudra, nous saurons être les dignes fils des héros de 1792 ; nous nous soumettons même à l'autorité d'hommes spéciaux, malgré la vive controverse soutenue en faveur d'un démantellement.

Ce projet étant repoussé, que devait-on faire ?

Se donner de l'air et de l'espace, au moyen d'un percement de quatre portes nouvelles et du doublement des portes principales qui nous eût mis en communication plus directe et plus facile avec nos faubourgs ; reporter sur la ville mère toutes nos préoccupations d'assainissement et d'amélioration; nous débarrasser des eaux fangeuses dont la ville est le réceptacle, et nous pourvoir d'eau potable; puis attendre. Cette bonne inspiration n'a point été suivie et nous verrons, tout à l'heure, quelles en sont les conséquences.

Revenons maintenant à la première des deux questions que nous avons posées en commençant ce travail : « Le plan soumis à l'enquête, répond-il au « but qu'on s'était proposé, aux promesses formulées « dès l'abord ?

Préoccupé de l'attrayante idée d'agrandir la ville de Lille, sollicité, entrainé chaque jour, par la fiévreuse activité de cette myriade d'intérêts privés, qui stimulait l'opinion publique en mettant en jeu les personalités les plus augustes, et dont le raisonnement se bornait à déclarer que l'affaire serait toujours bonne pour certains, qu'il importait peu qu'elle le fut également pour tout le monde, que les uns seraient heureux par ce qu'ils gagneraient, et les autres en raison de ce qu'on leur laisserait; On s'est dit alors : Agrandissons Lille.

Puis, d'un jour à l'autre, de proche en proche, on s'est répété un argument que nous admettons à l'état

de vérité : « les maisons de nos rues étroites, a-t-on
« dit, ont été surélevées au détriment de la santé
« publique; les jardins, les cours des habitations ont
« été couvertes de magasins, d'entrepôts et d'usines ;
« aujourd'hui, les fabriques, les filatures, construites
« dans un terrain exigu, exposent les propriétés
« enclavées au milieu d'elles à des dangers d'incendie,
« à des accidents de tout genre auxquels il est souvent
« impossible de porter des secours efficaces; trop
« d'exemples récents l'ont démontré. »

On s'est rappelé ensuite, et l'on a répété les paroles si saisissantes du docteur Villermé et de M. de Villeneuve-Bargemont sur la situation déplorable de nos classes ouvrières. Nous citons de mémoire :

« Énervés par les travaux des manufactures, disent ces deux économistes, entassés dans des caves obscures, humides, dans des greniers, où ils sont exposés à toutes les rigueurs des saisons, beaucoup d'ouvriers sont en proie à des infirmités héréditaires; il s'en trouve jusqu'à près de 4,000 logés dans des caves souterraines, étroites, basses, privées d'air et de jour, où règne la malpropreté et où reposent sur le même grabat les parents, les enfants, et quelquefois des frères et des sœurs adultes. Le quartier de Lille où il y a, proportion gardée, le plus d'ouvriers pauvres est celui de la rue des Étaques, des allées et des cours étroites, tortueuses, profondes, qui communiquent avec elle. Ce quartier a 24,000 mètres carrés de superficie, et, par conséquent, les habitants y sont plus entassés que ne le sont ceux des anciens quartiers, des marchés et des arcis les plus ignobles de Paris.

On s'est dit : Agrandissons Lille !

Tel a été le point de départ et l'idée première du désir de l'agrandissement.

Maintenant, si, en dehors de la question financière que nous nous proposons de traiter plus loin, le plan soumis aujourd'hui à l'enquête répondait à toutes les nécessités formulées d'une manière si précise, il n'y aurait lieu à faire aucune observation sérieuse. Nous sommes les premiers à reconnaître que les sentiments qui imposaient cette préoccupation d'agrandissement étaient des plus respectables.

Mais nous avons toujours été convaincus, nous, habitants de la cité désignée aujourd'hui sous le nom du vieux Lille, que les raisonnements qui précèdent avaient été faits surtout en faveur de la ville-mère; que cette dernière devait, par le fait de la jonction même, et en vertu de dispositions d'ensemble, jouir de tous les bienfaits qui étaient promis. Les membres du Conseil municipal, qui siégeaient alors comme nos mandataires légaux, délibéraient sans doute pour défendre les intérêts de Lille, et non pour créer à nos portes une ville moderne qui, à une époque rapprochée, viendrait par ses splendeurs écraser l'ancienne cité et la réduire enfin à la triste condition du rôle de vieille ville, ainsi qu'est Montbrison près Saint-Etienne,

Mézières près Charleville, l'antique Boulogne près de la jeune ville, et des vieux quartiers de Paris abandonnés successivement pour les nouveaux.

La perturbation qu'un pareil état de choses jetterait infailliblement au milieu d'intérêts contraires, serait pour notre cité le plus funeste et le plus ruineux des résultats. Mieux encore eût valu le *statu quo*.

Telle est cependant la perspective que nous offre le plan mis à l'enquête : tout a été fait et prévu en dehors de notre enceinte, rien pour le dedans, sinon deux voies indispensables de raccordement qui concernent tout autant le dehors.

Les rues de la Nef, de la Halloterie, la rue Sainte-Anne, la rue Saint-Etienne, celles du Sec-Arembault, de la Préfecture, des Poisson-ceaux, du Petit-Paon, des Trois-Couronnes, des Étaques, des Robleds, de la Vignette, de l'Éperon-Doré, du Bourdeau, Coquerez, au Péterinck, du Bois-Saint-Sauveur, Malpart, etc., etc., cent une rues enfin, les cours à l'Eau, Gha, Cysoing, du Soleil, etc., les Grande et Petite-Place Comines, etc., etc., resteront dans le même état.

Les abords de notre débarcadère, résultat désastreux de combinaisons privées, labyrinthes inextricables qui, à eux seuls, feraient la honte d'une grande ville, ne seront pas modifiés (*);

(*) Voir 4me Paragraphe, page 11, rapport du 8 Février 1859.

Nos acqueducs découverts, auxquels on donne le nom de canaux continueront à n'être que des réceptacles et des égoûts, cause de dangers pour la santé publique.

Nos temples sacrés, nos monuments ne profiteront d'aucun dégagement, ils resteront flanqués de masures qui les déshonorent.

On laissera dans leur état le plus ignoble, le plus malsain et le plus immoral, nos courettes, nos impasses et nos ruelles.

L'habitation des caves ne sera pas interdite, nos ouvriers seront forcés de continuer à n'habiter, dans l'intérieur de la vieille ville, que des tannières et des taudis ; comment exiger la propreté, là où il n'y a ni air, ni lumière, ni espace ?

On nous avait promis une transformation, on nous donne une déception.

On nous avait promis le bien-être, on perpétue l'atonie et le marasme, on nous lègue la ruine.

Nous n'ignorons pas que pour donner satisfaction, ou plutot pour faire taire de nombreuses réclamations qui se sont déjà produites, on s'est empressé d'annoncer par un *communiqué*, qu'une commission était à l'œuvre, afin d'élucider un sous-projet, qu'on admettra en *principe*, nous n'en doutons pas, car d'avance, son exécution est déclarée impossible pour *un temps indéterminé*.

Cela ressort suffisamment des divers rapports que nous avons sous les yeux, et sans nous arrêter à la définition subtile qu'un ministre du dernier règne faisait malicieusement à la tribune, de la *différence* qui existe entre une *promesse* et un *engagement*, nous ferons remarquer que nous ne pouvons nous expliquer que sur l'état légal, c'est-à-dire sur le plan soumis. Nous demanderons ce qu'on a fait à Lille, depuis un demi-siècle, en amélioration de voierie, et nous rappellerons à nos concitoyens qu'il a fallu vingt années de sollicitations et de scandales, pour qu'on se déterminât à élargir la rue du Dragon sur un espace de 25 mètres seulement.

Quels sont donc les motifs qui ont déterminé à abandonner ainsi les intérêts de la vieille ville.

Il ne saurait y en avoir qu'un :

C'est la question financière qui, s'aggravant chaque jour, a fait perdre de vue le point de départ, pour ne songer désormais qu'à sauver la caisse municipale du péril qui la menaçait, car les travaux considérables, les sacrifices immenses qu'exigeait la nouvelle ville entrainaient à des dépenses dont on s'effrayait à juste titre. Après avoir, sans doute, élaboré toutes les études, sacrifié de longues et pénibles veilles à la solution de ce problème, on n'a trouvé qu'un moyen : c'était de tirer la quintescence des 56 hectares qui incomberaient à la ville, en vertu du traité fait avec l'Etat.

Ce qui nous arrête à cette pensée, c'est le refus que tout récemment on a fait d'un prolongement jusqu'à la Deûle; cette modification au projet, toute logique qu'elle était, avait ce grave inconvénient, de jeter sur le marché, une quantité plus considérable de terrains à vendre, qui exposait à amoindrir le prix des terrains de la commune.

On le voit donc, on a failli au but qu'on s'était proposé, aux promesses qui nous avaient séduits car, le rapport du 8 juillet 1859 déclare qu'il faut, avant tout, conserver à la vieille ville **sa prépondérance.**

Nous allons traiter maintenant la seconde question que nous avons posée, ne nous occupant, en ce moment que des travaux à faire dans la ville nouvelle.

« Nos ressources budgétaires peuvent-elles satisfaire aux nécessités qu'on s'est imposé, sans nous menacer de désastres pour l'avenir ?

Dans une entreprise où les finances jouent un aussi grand rôle, les règles de la prudence exigent, avant tout, un examen sérieux des charges présentes, le détail le plus exact possible des dépenses dans lesquelles on doit s'engager, et en regard, les ressources dont on peut disposer pour mener à bien l'opération.

Il ne paraît pas qu'on ait suivi cette sage méthode; il ressort au contraire des documents mis au jour que l'on a procédé d'une toute autre façon.

En poétisant les budgets futurs des recettes municipales, on a trouvé le moyen de faire face à un emprunt de 15 millions, dont 3 millions seulement resteront disponibles pour l'exécution d'un projet gigantesque, sans s'être rendu compte des dépenses nécessaires, laissant ainsi au hasard, la solution d'un problème, car, à l'heure actuelle, où existe-t-il un détail estimatif officiel ?

Ces dépenses qu'on n'a pas osé ou voulu chiffrer, on les a évaluées en bloc pour les besoins de l'emprunt à 3 millions; l'exposé des motifs du projet de loi relatif à cet emprunt dit :

« Lille se trouve dans la nécessité d'acquérir
» divers immeubles pour le raccordement de ses rues
» avec celles des communes annexées; d'entreprendre
» des travaux considérables de pavage; de construire
» des ponts, des acqueducs, des bassins pour la
» navigation; d'établir un nouveau Cimetière; d'agran-
» dir l'Abattoir; de construire des maisons d'école;
» les frais nécessités par ces divers travaux sont
» évalués à une sommes de **trois millons.** »

Or, voici l'énumération et les chiffres approximatifs de ces divers travaux; mais procédons comme nous l'avons dit plus haut. Quelle est la position financière de la ville de Lille ?

Elle est grevée d'une dette de trois millions cinq cent mille francs, qui, accrue aujourd'hui des dettes des communes réunies s'élève au chiffre rond de   4,200,000

La ville doit succcessivement payer à l'Etat et pour l'Etat, une somme de douze millions, dont 6,400,000 seront employés à l'acquisition des terrains nécessaires aux fortifications nouvelles, et 5,600,000 au paiement de ceux occupés par les anciennes fortifications, ci 12,000,000

Le plan de la nouvelle ville comporte ou exige

L'acquisition de 98 hectares de terrains pour l'emplacement des rues, places, boulevards, promenades, etc, à 50,000 francs l'hectare. 4,900,000

40 kilomètres de rues à chaussée de 10 mètres, dont le pavage coutera 9 francs le mètre carré, soit 90 francs le mètre courant 3,600,000

80 kilomètres de trottoirs à 4 francs le mètre courant (pour les bordures seulement). . . . . , . . 320,000

A Reporter. . . . 25,020,000

Report.	25,020,000
40 kilomètres d'égoûts à 35 francs le mètre courant.	1,400,000
1 grand aqueduc collecteur d'un développement de 3,000 mètres environ, à 500 francs le mètre.	1,500,000
2 siphons, travaux hydrauliques, ravardoirs, etc.	100,000
7 kilomètres de boulevards à 250 francs le mètre courant (construction et pavage)	1,750,000
5 kilomètres de canaux et quais y compris la voie navigable à 600 francs le mètre courant.	3,000,000
12 ponts à 20,000 francs, et 8 passerelles à 7,000 francs.	296,000
Une Ecluse.	100,000
Plantations.	50,000
Marchés.	300,000
Trois églises.	900,000
Corps de garde, justices-de-paix, maison d'école	100,000
Raccordement entre la nouvelle et l'ancienne ville, rue centrale partant de la	
A Reporter.	34,516,000

Report. . . . 34,516,000

Grand'Place, et celle partant de l'Arsenal, travaux divers, etc, au minimum . . . 1,500,000

Agrandissement de l'Abattoir (en attendant l'établissement d'un second abattoir indispensable à Moulins-Lille) 100,000

Un cimetière de 3 hectares, y compris maison de garde, grille principale, etc. . 70,000

Honoraires des ingénieurs, architectes, au minimum. 600,000

Lille agrandie comprendra une superficie de 740 hectares; la ville aura donc à entretenir une voierie correspondante à cette étendue

Total francs. . . 36,786,000

Les ressources dont dispose la ville pour faire face à cette énorme dépense se réduisent :

1° A 3,000,000 francs provenant de l'emprunt, ci 3,000,000

A la nue-propriété des 56 hectares de terrains occupés par les anciennes fortifications; en admettant qu'après la démolition et le nivellement, la vente puisse en être opérée dans dix ans au prix de 100,000 l'hectare,

A Reporter. . . . 36,786,000

```
                    Report. . . . 36,786,000
    La ville disposera, alors seulement,
d'une ressource de. . . . 5,600,000
              Soit . . . . 8,600,000
                    Et le déficit sera de. . . 28,186,000
```

Si on avait la prétention de taxer d'exagération les dépenses que nous venons d'indiquer, on est libre de vérifier nos chiffres, mais on ne nous accusera pas d'avoir diminué les resources de la ville, nous avons compté à 10 fr. le mètre, sans niveler le terrain que vendra la ville, et nous portons à 5 fr. celui qu'elle devra acquérir, et nous serions encore en droit de déduire du produit de la vente de ces terrains, les intérêts qu'elle aura payés avant son entrée en jouissance. Ces intérêts s'élèveront à 3,521,810 francs; nous pourrions même nous dispenser de prendre la valeur de ces terrains comme moyens d'exécution des travaux, car le rapport du 9 janvier 1858 sur les considérations financières avoue que « Lille agrandie, qui « devrait déjà 2,250,000 d'intérêts sur les 5 verse- « ments de 2,400,000 faits à l'Etat, se trouve, après « le sixième exercice budgétaire, en présence d'un dé- « ficit d'environ 1 million, qui devrait-être comblé au « moyen du produit de la vente d'une portion de 30 « à 35 hectares (*) susceptibles d'être aliénés dans

---

(*) La prise des terrains de la ville pour les rues et boulevards, places, etc., réduit les 52 hectares à 35. La proportion de l'étendue de la voierie dans une ville est, en moyenne, du tiers de toute la superficie.

« les terrains militaires, et que le surplus de cette
« ressource ferait face aux mécomptes, etc. »

Et si l'on ajoute aux 28,000,000, six millions nécessaires aux améliorations de la vieille ville, nous arrivons à la dépense phénoménale de plus de 34,000,000 qu'il faudra trouver dans nos ressources pour l'exécution du projet.

« La ville n'a à sa disposition que trois millions
« pour tout objet (déclare le rapport du 8 juillet
« dernier). On trouvera peut-être des gens pour dire :
« Empruntez quelques millions de plus. Et les res-
« sources pour payer les intérêts, où sont-elles? Si on
« avait cru à la possibilité d'emprunter plus, on l'eût
« fait, même pour l'agrandissement de 500 hectares ;
« l'insuffisance de trois millions pour marcher active-
« ment dans la ville nouvelle, pour réaliser dans l'an-
« cienne *les nombreuses améliorations nécessaires* **au**
« **maintien de sa prépondérance** était
« connue, mais la limite des ressources l'était aussi,
« et il a fallu se résigner. »

Nous savons qu'il reste comme moyen extrême ce que l'on appelle des amorces de rues.... Prétend-on forcer les propriétaires à fournir leurs terrains gratis et à exécuter le pavage à leurs frais? ils n'en feront rien ; beaucoup ne le pourraient. Dès lors, au lieu de faire une ville populeuse, vous maintiendrez le nouveau Lille à l'état de désert.

Nous savons aussi qu'il est d'autres moyens employés par les villes dont les finances sont malades: c'est l'augmentation de l'octroi, cet ogre moderne de l'ouvrier, du cultivateur et du bourgeois; puis, les centimes additionnels. Mais alors, on éloigne encore les populations par les charges dont on les menace; on empêche la création de nouveaux établissements industriels qui verraient le fruit de leurs travaux absorbé, puisque leur prix de revient ne s'équilibrerait plus avec ceux de leurs voisins. Nous n'en voulons pour preuve que ce qui se passe à nos portes; les constructions formidables qui s'établissent partout où le nouveau Lille n'est pas. L'emploi de ce moyen extrême serait encore le découragement et le désert

Criera-t-on au secours pour appeler à soi la spéculation; que restera-t-il à la propriété qui se verra frustrer des avantages qu'on lui avait promis.?

D'ailleurs, la spéculation n'a pas l'habitude d'opérer à longue date; le poids de dix années d'attente et de servitudes militaires attachées à l'ancienne enceinte fera à la place de Lille, pendant dix ans, cette situation unique en France: d'avoir double servitudes militaires pour des fortifications à démolir et pour celles qu'on construit; de telle sorte, que dans cette ville qu'on agrandit on maintient, pendant dix ans, 56 hectares de terrain couverts de remparts et fossés et au moins trois fois plus de surface où l'on ne peut construire en dur et avec sécurité. On relègue donc les constructions et par conséquent la spéculation aux extrémités de la nouvelle agglomération, mais là où l'intérêt de bâtir est problématique.

On répondra à cela, que, si les nouvelles fortifications étaient construites avant dix ans, les anciennes servitudes cesseront. Quelle certitude a-t-on de cet achèvement avant dix ans? Aucune! N'avons-nous pas pour nous édifier l'exemple du *Blanc-Ballot*, où 8 hectares devaient être livrés immédiatement à la ville et qui ne le seront qu'avec les autres!

On n'a donc pas de présent.

On ne peut opérer qu'à longue date.

On n'offre rien à la spéculation.

L'on ne peut compter que sur des ressources municipales, mais où sont-elles?

Les considérations que nous venons d'exposer ne nous ont point été dictées par le désir de critiquer la conduite et les efforts d'hommes honorables qui se dévouent gratuitement à la défense de nos intérêts, qui consacrent leurs veilles à l'étude de ces grands projets.

Nous avons écrit sans autre préoccupation que celle de nous livrer à un sérieux examen de l'une de ces questions dont dépend le sort d'une grande cité; sans autre but que celui de faire comprendre que les dispositions qui sont soumises aujourd'hui à notre appréciation sont loin de répondre à l'esprit d'un projet sur lequel s'étaient si nettement prononcés nos représentants légaux.

Mais, nous dira-t-on, quels sont les remèdes aux maux qui viennent d'être signalés ?

Nous n'en connaissons pas d'immédiats et surtout d'efficaces.

Il est un point, cependant, qui doit appeler notre attention. S'il était admis, il ne constituerait pas un remède sérieux, nous le reconnaissons, mais il pourrait devenir au moins un palliatif.

On ne s'est jamais expliqué pourquoi la ville de Lille était appelée à fournir gratuitement à l'État l'emplacement des fortifications nouvelles; pourquoi même elle devait lui faire une avance considérable qui ne lui serait remboursée que dans dix années par la vente des anciennes fortifications, ce qui constitue pour elle :

1° une dépense de	6,400,000 »
2° pour intérêts des 5,600,000 francs avancés pendant dix ans	3,521,810 »
ce qui fait	9,921,810 f. »

perdus pour la ville.

En ne diminuant pas des ressources de la ville les intérêts des 5,600,000 dont elle fait l'avance, nous avons voulu seulement donner une preuve de notre extrême modération ; nous devons, cependant, en indiquer le sacrifice fait de notre part à l'État, car malgré toutes les combinaisons d'emprunt, un capital avancé porte toujours intérêt. — Il serait utile et agréable à beaucoup de gens qu'on leur prouvât le contraire.

Nous avons démontré plus haut quels étaient les dangers et les charges qui incombaient à une ville fortifiée, les avantages dont profitaient les villes libres. Que ceux dont la conviction n'est point encore formée à ce sujet veuillent se reporter à l'histoire.

Les villes fortifiées n'étant plus établies de nos jours pour défendre les propriétés et les habitants renfermés dans leurs remparts, l'établissement, les remaniements et les réparations de ces ouvrages doivent être intégralement à la charge de l'État, puisque l'intérêt national seul domine la question. Cette assertion se trouve d'accord avec les sentiments de justice et d'équité que tous les gouvernements ont mis en pratique envers les villes qui se sont trouvées dans une situation analogue à celle de Lille.

Cependant l'on demande près de *dix millons* à notre cité pour le remaniement de ses fortifications, et la ville de Toulon qui se trouvait dans une position semblable s'est vue dispensée de toute obligation. (*)

---

* On lui avait demandé un million qu'elle a recouvré.

On demande à la ville de Lille près de *dix millions* pour reculer ses murs d'enceinte. Et lorsqu'il faut remanier les travaux de la ville du Hâvre, on n'exige de cette dernière aucune indemnité.

On demande plus de *dix millions* à la ville de Lille pour cause de défense nationale, et l'on vient de construire d'immenses travaux à Cherbourg pour les mêmes besoins, sans imposer à cette ville la plus petite subvention.

On exige que Lille puise dans son trésor communal au profit du trésor public pour opérer des travaux qui concourent à assurer la sécurité de la nation entière, on entoure Paris de fortifications, et l'on n'exige rien de la ville de Paris.

La France concourt aux munificences de Lyon, de Paris et de Marseille, dans des proportions qui, depuis peu d'années, dépassent de beaucoup 100 millions, et Lille s'impose, au profit de la France, des sacrifices qui dépassent la mesure de ses forces et l'empêcheront, pendant un temps illimité, d'entreprendre des travaux indispensables à la santé et à la sécurité de ses habitants.

Si Lille avait été une ville libre, elle ne serait pas

dans la fausse situation où elle se trouve aujourd'hui. Si de ville libre, l'État avait jugé convenable de la rendre ville forte, elle eût joui des avantages réservés à Paris. La France eût payé l'intégralité des sommes nécessaires à la construction des fortifications, et Lille eut encore été en droit de se plaindre.

Lorsque Louis XIV conquit les Flandres et s'empara de Lille, ce prince la traita en ville conquise, nous forçant de contribuer à la construction de nouvelles fortifications. Eh bien! pour l'étendue de l'enceinte qui commence à la porte de la Barre et se termine au faubourg de la Madeleine, y compris la Citadelle, travaux qui doublaient nos murs, Lille n'a dû solder qu'une somme fixe de *deux cent mille florins* (*) mais elle recevait en compensation une nouvelle et importante banlieue qui l'indemnisait largement de son sacrifice. Et, après avoir, pendant près de deux siècles, donné à la France des exemples de patriotisme et d'abnégation, qui ont valu à nos aïeux les hommages de la patrie et l'admiration de l'Europe, serait-il juste de nous traiter aujourd'hui moins bien que des vaincus ?

C'est contre l'erreur qui a été commise que nous nous élevons et nous adjurons nos concitoyens de

---

(*) Le florin de Flandre valait vingt patards, le patard valait cinq liards, le florin représente un fr. vingt-cinq cent.

faire tous leurs efforts pour en obtenir la réparation.

Lorsque l'Empereur apprendra notre situation financière; qu'il saura que la pensée, qui le portait à désirer l'assainissement et l'amélioration de notre ville, n'a point été exécutée, il nous accordera une justice qu'il se plaît à rendre au dernier de ses sujets, lorsque la vérité toutefois parvient à se faire jour jusqu'à lui. Édifié sur les désastres qui nous menacent, il ne voudra pas que Lille promette à l'État un concours d'argent qu'il lui est matériellement impossible de réaliser, il ne voudra pas que notre ville agrandie reste pendant dix ans sous le double coup des servitudes anciennes et des servitudes nouvelles et ne puisse ni aliéner les terrains, ni bâtir sur le périmètre de soudure de l'ancienne à la nouvelle ville.

L'Empereur comprendra que les travaux civils ne pourront être sérieusement entrepris que le jour où le terrain militaire sera dégagé de toutes servitudes; il fera restreindre la durée des constructions de la nouvelle enceinte, au laps de temps strictement nécessaire à leur exécution, il ordonnera l'abandon des 6,400,000 francs en faveur de l'ancienne ville afin que les pensées généreuses qui ont présidé au décret d'agrandissement ne soient pas méconnues.

Hors de là, il n'y aurait place que pour les

déceptions les plus amères et une grande œuvre digne d'un aussi grand nom, dégénérerait bientôt en une banqueroute municipale.

Jules BRAME.

Lille, le 18 Décembre 1859.

Lille. Imp. de Lefebvre-Ducrocq.